3 mars 1837 — 15 7bres 1837

CATALOGUE
D'UNE BELLE COLLECTION
DE
BOITES ET TABATIÈRES
EN OR, EN IVOIRE ET EN ÉCAILLE;
DE BOIS ET IVOIRES SCULPTÉS,

D'Antiquités Grecques et Romaines, Objets Gothiques de la Renaissance, Indiens et Chinois, Gouaches, Fixés et Miniatures;

PORTRAITS HISTORIQUES
A L'HUILE ET SUR ÉMAIL,

Provenant du Cabinet de M. Bignon,

Dont la Vente aura lieu
PLACE DE LA BOURSE, N° 2,
HÔTEL DES COMMISSAIRES-PRISEURS,
Salle N° 2, au Premier.

Les Lundi, Mardi et Mercredi, 13, 14 et 15 Mars 1837, heure de Midi,

Par le ministère de M° PIERRET, Commissaire-Priseur, successeur de MM. FONTAINE et PETIT, Boulevard Poissonnière, n° 14, à Paris;

Assisté de MM. THERET et ROUSSEL, Experts en Objets d'Art, Demeurans rue de l'Ancienne Comédie, n° 5, et quai Malaquais, n° 13.

Chez lesquels se distribue le Catalogue.

L'Exposition sera publique le Dimanche 12 Mars, de Midi à 4 heures.

AVERTISSEMENT.

Les objets qui composent cette vente, faisaient partie de la Collection de M. Bignon, Amateur connu de toutes les personnes qui s'occupent d'Art.

Ils n'ont pas encore, pour la plupart, paru en public, ayant été en général achetés un à un, à mesure que l'occasion d'avoir quelque chose de beau se présentait; et quant à ceux qui pourraient être connus, ils proviennent des principaux Cabinets dont les ventes ont eu lieu depuis vingt ans. On trouve rarement réunis ensemble des curiosités de formes aussi pures et aussi bien conservées; et notre Exposition prouvera quel bon goût a présidé à leur choix.

On y verra avec plaisir, nous l'espérons, des Boîtes et Tabatières dont plusieurs sont remarquables par leur origine et leur richesse; de beaux Bas-Reliefs en ivoire; des Objets de la renaissance, bien conservés; des Antiquités, et une suite fort intéressante de Portraits Historiques peints sur émail et à l'huile, par des artistes du temps.

MM. les Amateurs y remarqueront des choses qui leur sont inconnues, et dignes de fixer leur attention, quelque soit le genre qu'ils affectionnent.

N. B. En sus du prix de l'adjudication, il sera perçu cinq centimes par franc applicables aux frais de vente.

CATALOGUE.

BOITES ET TABATIÈRES

EN OR, IVOIRE ET ÉCAILLE,

Dont plusieurs sont remarquables, soit à cause des portraits historiques dont elles sont ornées, soit à cause des émaux et des ciselures qui les enrichissent.

1   Tabatière en écaille, avec gorge en or et entourage en demi-perles fines : un joli bouquet de fleurs, par Van Spandonck, placé en hauteur, forme le dessus de la boîte.

2   Autre Tabatière oblongue, également ornée d'un vase de fleurs, par Van Spandonck, placé en largeur.

Ces peintures sont d'un précieux fini ; les

fleurs sont groupées avec talent ; et les oiseaux et insectes qui les animent, sont d'une finesse extrême.

Les Étuis sont de Galuchat.

3. Tabatière en or émaillé, avec joli portrait de madame Dubarry : sur le fond, bleu de ciel, est une inscription historique en lettres d'or.

Cette Tabatière fut donnée par madame Dubarry à la personne qui découvrit l'auteur du vol de ses diamans à Lucienne.

4. Fort belle Boîte en or à charnière, donnée en présent, par la Ville de Paris, à Louis XIV. Toutes les faces sont ornées de sujets tirés de l'histoire romaine, ciselés et exécutés avec beaucoup de talent, par Germain Garnier.

Poids, 14 onces 3 gros. Étui de Galuchat.

5. Boîte en jaspe sanguin, garnie de colonnettes en or émaillé, forme contournée, avec gorge et charnière en or.

Étui de Galuchat.

6. Boîte en ambre, forme contournée, à gorge et charnière en or.

7. Tabatière ronde, avec cercle émaillé ; portrait sur émail, de Louis XV.

8. Tabatière ovale avec charnière en or, filets

émaillés, garnie sur toutes ses faces de petites scènes villageoises, peintes sur émail, avec une rare finesse.

9   Fort belle Tabatière, carré long, en or, à charnière, enrichie de deux fort belles miniatures de Parent, de Naples, représentant les portraits en pieds et en costume écossais, de Jacques II et de Marie Stuart. Ces peintures sont d'une couleur brillante et vigoureuse, et pleines de détails parfaitement bien touchés.

10 Grande Tabatière ronde en écaille noire, gorge et fonds doublés en or : sur le couvercle, un joli portrait de femme, entouré d'une guirlande de fleurs.

11 Boîte de forme rectangulaire, charnière en or, donnée par Louis XIV, à son fils Philippe V, roi d'Espagne. Toutes ses faces sont ornées de sujets allégoriques relatifs aux arts, exécutés sur émail, et encadrés dans des filets d'or contournés.

12 Tabatière oblongue en écaille noire, charnière et fonds en or, avec deux émaux : portraits de Napoléon et de Marie-Louise.

13 Boîte à mouches, en ivoire, avec gorge et charnière en or : sur le dessus est un bas-relief fort bien sculpté.

14. Tabatière en vernis, de Martin, garnie sur toutes ses faces de peintures, sujets mythologiques.

15. Tabatière en vernis, du même, peinte sur tous ses côtés.

16. Boîte en ivoire, de forme oblongue : sur son couvercle, un choc de cavalerie, exécuté en relief.

17. Boîte ronde en lave.

18. Autre Boîte, aussi en lave.

19. Boîte ovale, en bois pétrifié; gorge et charnière en or.

20. Boîte en caillou d'Égypte, forme contournée, avec gorge et charnière en or.

21. Tabatière en écaille noire, avec tête de Bonaparte en bronze, ciselée en 1807, par Geuffroy; provenant de Paër, architecte.

22. Tabatière en buis, avec fixé, par M. Decamps, représentant le repos du postillon.

La verve et l'imagination bouillante de cet habile artiste s'opposent à ce qu'il fasse des ouvrages aussi minutieux; aussi, ses fixés sont-ils très rares et très recherchés. Celui-ci est très bien réussi.

23. Tabatière faite d'une coquille, avec gorge et charnière en or.

24 Madame la duchesse de Berri, fille du régent; fort jolie peinture sur émail, montée sur une tabatière écossaise : un serpent en or émaillé forme le cercle du portrait.

25 Fort beau portrait sur émail, d'un artiste anglais : peinture pleine de feu et de poésie, formant le dessus d'une tabatière en écaille noire, de Vachette, doublée en or, à charnière.

26 Tabatière en écaille noire, doublée en or, enrichie d'un portrait de François-Michel Letellier, marquis de Louvois, sur émail, attribué à Petitot.

Cette Boîte vient de la vente Potocky.

27 Fort belle Boîte d'un travail précieux, en or de couleur, avec portrait sur émail, de J.-J. Rousseau.

Cette Boîte, du temps, provient de la vente Saint-Victor.

28 Tabatière en ivoire sculpté, ayant appartenu, dit-on, au grand Condé.

Sur le couvercle est un groupe de cavaliers; sous le pied, est sculpté en relief un guerrier couché; et au pourtour, sont des génies portant les attributs de la guerre.

BOIS ET IVOIRES SCULPTÉS.

29 Corne à amorcer, composée d'animaux sculptés en relief, sur une dent d'ivoire ; dans son étui en maroquin.

30 Crosse de Pontife, en ivoire sculpté.

31 Petit Panier à jour, en ivoire, d'un travail très précieux.

32 Une Plaque chinoise, en ivoire.

33 Deux Feuilles en ivoire, contenant chacune quatre Cartels : histoire de la Vierge et de Jésus.

34 Diptyque, composé de deux feuillets en ivoire, sculptés en relief : Jésus en croix, et sanctification de la Vierge.

35 Pomme en ivoire, ornée de deux figures ; d'un côté est une femme coiffée d'un casque, revêtue d'une cuirasse, le glaive en main ; de l'autre une jeune fille qui se perce le sein.

36 Christ en ivoire, sur sa croix en ébène, sur fond de velours rouge, dans son cadre en bois doré, orné des instrumens de la Passion.

37 Sainte en extase : fort belle pièce en ivoire, d'un beau dessin.

38 Buste de Bonaparte, en ivoire : belle pièce faite à Dieppe.

39   Bonaparte au bivouac, appuyé sur sa chaise : fort beau morceau en ivoire.

40   Le Christ en croix, bas-relief en ivoire.

41   L'Homme entre le Vice et la Vertu : fort belle composition exécutée avec un rare talent. Ce bas-relief en ivoire, d'une grande dimension, est un des plus importans que nous ayons vus.

42   Personnage enveloppé dans un manteau, figure en ivoire, vu à mi corps, avec cadre en cuivre doré.

43   Les Trois Grâces, figures en ivoire, groupées avec art, exécutées par un artiste Hollandais d'un grand talent.

44   Portion de Diptyque en ivoire : sujets de sainteté.

45   Arbre Généalogique en bois sculpté, terminé par la Sainte Vierge et l'Enfant-Jésus, portant sur ses branches les douze Rois des tribus d'Israël, dans son cadre en bois doré.

46   Deux Bas-Reliefs en bois sculptés et peints, représentant l'adoration de Jésus, et Jésus-Christ recueilli par les Saintes Femmes.

47   Groupe de deux petits Lutteurs, en bois sculpté.

48   Portrait de Louis XIV ; bas-relief en ivoire,

de forme ovale, dans son étui en chagrin, avec chiffre et clous en argent.

49 Vénus et l'Amour, bas-relief en ivoire.

50 Offrande à Priape, et Nymphe au bain; bas-reliefs en ivoire.

51 Cérès : bas-relief en ivoire.

52 Madone entourée d'Anges, Saint et Sainte; bas-relief en ivoire.

53 Vierge et Enfant-Jésus en ivoire.

54 Vieillard riant aux éclats, figure en bois sculpté, pleine d'expression et de vérité.

55 Louis XIII enfant, revêtu des insignes de la royauté, figure en ivoire.

56 Ecclésiastique, figure en ivoire, vu à mi-corps.

57 Bas-Relief sculpté sur bois : la Vierge et saint Joseph, visitant sainte Élisabeth.

ANTIQUITES

GRECQUES, ROMAINES ET ÉGYPTIENNES;

Objets Gothiques et de la Renaissance; Émaux de Limoges, Bronzes et Bas-Reliefs.

58 Croix grecque en argent doré, garnie de

pierres fines, contenant divers épisodes de la vie de Jésus-Christ, sculptés en bois de cèdre.

59   Fort belle Croix en bois, sculptée par François Flamand; d'un travail remarquable par sa finesse et la richesse de sa composition; elle est très pure et bien conservée.

60   Diptyque en bois de cèdre sculpté, composé de trois volets; Sur celui du milieu l'on voit en haut la Cène, au-dessous de laquelle le Christ en croix, et le Baptême de saint Jean; sur les volets latéraux, sont des sujets sacrés, terminés par un saint Michel terrassant le Dragon, et un autre foulant aux pieds les Infidèles.

61   Fragment d'un vase grec en argent : les figures en relief qui en ornent la gorge font vivement regretter le corps principal, qui en a été détaché.

62   Diptyque en bronze émaillé : Vierge et Enfant-Jésus; un seul volet.

63   Beau Bas-Relief de forme ronde, en argent repoussé, représentant les Anges chez Abraham, annonçant à Sara sa grossesse.

64   François Ier, fait prisonnier par Charles-Quint : fort beau bas-relief en argent doré

repoussé; d'un travail et d'une composition remarquable.

65 Le Père-Éternel montrant à Adam et Ève, dans le Paradis terrestre, l'arbre au fruit défendu.

66 Portion de diptyque en bronze émaillé.

67 Couteau à manche en fer ciselé, du temps de la renaissance ; belle pièce d'une parfaite exécution, fort bien conservée.

68 Christ en croix : bronze bizantin.

69 Diane et ses Nymphes, surprises au bain par Actéon : bas-relief en fer ciselé.

70 Deux Plats en argent repoussé avec filets en vermeil; Vase du temps de l'occupation de l'Espagne par les Maures.

71 Inscription en bronze, extraite d'un tombeau romain.

72 Beau Peigne en bois sculpté, d'un riche travail.

73 Tête de Christ, en émail blanc sur fond en filigrane d'or.

74 Jugement de Pâris : bas-relief de la renaissance, en argent repoussé, avec cadre en cuivre, rehaussé d'or de l'époque; objet curieux,

provenant de la vente du duc de la Châtre, à Meudon.

75 Jeune Femme accroupie, bronze grec.

76 Enfant jetant des cris : petite tête en argent, sur pied en cuivre doré.

77 Jésus trahi par Judas est emmené par des soldats : fragment de bas-relief en marbre.

78 Deux Lampes antiques, à sujets, provenant du cabinet Denon.

79 Tête de Christ en agathe onyx, montée sur bague : bijou de la renaissance.

80 Tête de Mercure antique, montée sur bague en or.

81 Camée de 1500, gravé sur pierre dure, par Sarrasin, monté sur bague en or.

82 Couteau et Fourchette de la renaissance, avec manche en émail, dans leur étui.

83 Morceau gothique en bois sculpté, représentant la Passion de Jésus-Christ : ouvrage d'une grande délicatesse.

84 Anubis, et divers bronzes égyptiens.

85 Taureau, bronze grec.

86 Phallus, bronze grec.

87 Diptyque grec : Passion de Notre-Seigneur,

— 14 —

88   Quatre petits Bustes en argent, de la renaissance, d'un beau caractère et fort bien ciselés, représentant saint Louis, Charles V, dit le Sage, Louis XII et François Ier.

89   Petit Hercule en argent massif : divinité romaine.

90   Petit Coffre en cuivre, garni d'une serrure d'un beau travail, d'un mécanisme ingénieux, fixant le couvercle des quatre côtés à la fois.

91   Fort belle Coquille d'épée, en acier ciselé, rehaussée de composition allégorique en argent, très belle de dessin, et d'une exécution remarquable.

92   Râpe à tabac, en fer damasquiné : d'un côté sont les armes de celui à qui elle appartenait ; de l'autre, un homme et une femme vêtus en chasseurs, la pipe à la bouche, marient leur fumée.

93   Bronze moderne, représentant les Beaux-Arts.

94   Scarabée en terre cuite, avec des têtes d'Isis.

95   Christ sur une croix, en filigrane d'argent ; relique grecque.

96   Petite Sainte-Famille en or émaillé sur fond en lapis lazuli.

97   Jésus descendu de la croix est emporté par

les saintes Femmes : fort beau bas-relief, figures en argent et en vermeil.

98   Six beaux Émaux de Limoges : sujets de l'Histoire sainte renfermés dans un étui en maroquin à compartimens.

Ils sont fort riches de composition et d'une belle conservation.

99   Tête de jeune Fille grecque en argent ; les cheveux nattés et relevés : figure de demi-grandeur naturelle, d'un beau caractère.

100   Deux Bas-reliefs en argent, repoussés : représentant l'un le Baptême de saint Jean, l'autre la Cène.

101   Fort bel émail de Limoges : sujets religieux, costume du temps de Charles VII.

BIJOUX.

Objets chinois et indiens et curiosités diverses.

102   Pommeau de canne en cristal de roche, formé d'un Cygne enlaçant amoureusement le corps d'une femme qu'embrasse un guerrier.

103   Bijoux en corail avec chaîne en or formant des végétations de formes gracieuses

dans lesquelles on a détaché en relief une figure d'homme et une de femme.

104 Mosaïque d'une grande dimension et d'une grande beauté, représentant une Scène champêtre de Téniers.

105 Cachet en or monté d'une cornaline blanche gravée; son plâtre et son empreinte en cire.

106 Anneau papal en or émaillé, enrichi d'un diamant taillé en croix.

107 Montre en émail du temps de Henri IV : l'un des sujets représente Joseph vendu par ses frères; l'autre, Joseph exigeant de ses frères qu'ils lui amènent Benjamin.

Ces émaux sont d'une grande beauté.

108 Trente-trois Jetons, Rois, Reines et Poètes anglais, dans leur étui rond, ciselé à jour en vermeil.

109 Médaille de la prise de la Bastille avec l'imprimé d'envoi revêtu de la signature autographe de Palloy.

110 Flacon en verre bleu aux fleurs de lys, du temps de Charles VII.

111 Deux Figures en argent, costumes du temps de Henri III.

112 Chinois accroupi, petite figure en laque.

113 Poisson en argent.

114 Divinité indienne en terre cuite.

115 Femme satyre, terre cuite de Clodion.

116 Amphore Péruvienne accolée à un magot, Morceau antérieur à la découverte du Nouveau-Monde.

117 Buste de Napoléon en biscuit de Sèvres; signé Chaudet.

118 Rochers en pierre de Larre.

119 Panorama de la ville de Dresde, peint dans un œuf, supporté par un pied d'aigle en bronze. Objet curieux d'un travail extraordinaire, provenant de la vente Potocki.

120 Plusieurs Bagues en agathe et cornaline.

121 Médaillon en pierre dure, représentant un jeune Pâtre appuyé sur un Taureau. Ce groupe se détache sur un fond de lapis lazuli.

122 Divinité indienne en bronze.

123 Matrice et empreinte du Sceau d'un tribunal chinois. Vente Remusat.

124 Deux Monnaies chinoises en argent du poids

d'une once chacune, frappées sous le règne de l'empereur actuel Mirgming, et l'autre sous l'avant-dernier roi de Cochinchine Chic Loung.

Vente Remusat.

125 Fort belle Tasse et sa Soucoupe en porcelaine dorée de Darte, enrichie d'un médaillon d'une grande beauté représentant l'impératrice Joséphine.

126 Jolie Boîte en vieux laque à compartimens sur son pied.

127 Chaîne orientale en argent doré.

128 Grande Pagode indienne; divinité accroupie.

129 Petite Pagode indienne; divinité debout.

130 Montre en or émaillé vert, à toc, de Lépine, avec entourage dessus et dessous, en demi-perles fines; sa chaîne, sa clef et son cachet.

Cette pièce, d'un fini remarquable, a appartenu à Marie-Antoinette, femme de Louis XVI.

131 Petit Carnet en filigrane d'argent, renfermant douze petites gouaches d'une grande finesse représentant des batailles de Bonaparte.

132 Croix en argent ornée de lys, renfermant un mouvement de montre; bijoux du règne de Louis XIII.

133 Scène de cabaret; petit dessus de boîte en argent.

134 Deux Bas-reliefs en terre cuite de Clodion; Nymphes et Satyres.

135 Jeune Fille pleurant la mort de son oiseau: jolie figure en marbre blanc, pleine de grâce et de candeur; par un bon maître.

136 Bonaparte franchissant le mont Saint-Bernard; petit bronze moderne sur socle doré.

136 *bis*. Un Petit Guéridon avec dessus en porcelaine de vieux Sèvres dont le sujet est un Bouquet de fleurs avec galerie en cuivre.

GOUACHES, FIXÉS,

ÉMAUX, MINIATURES ET PEINTURES A L'HUILE.

137 Bloc de Bois garni sur toutes ses faces de gouaches représentant des batailles de Bonaparte.

138 Six Gouaches sur papier bleu : Combats.

139 Deux Médaillons ovales, cerclés en cuivre, et trois Médaillons carrés : mêmes sujets.

Toutes ces Gouaches, du même artiste, sont d'une finesse remarquable. Il est impossible de représenter un effet plus complet dans un plus petit espace.

Cet article sera divisé.

140 Nymphes au bain, surprises par un Satyre : miniature pleine de grâce de Klingtel.

141 Jeune Femme en méditation, le bras appuyé sur le dos de sa chaise : miniature attribuée à Klingtel. Etui en maroquin.

142 Une jeune Femme allaite son père en prison ; attribuée au même.

143 Deux dessus de Boîte ; bouquets par Van Spandonck.

144 Les Amans surpris ; sujet gai.

145 Fort belle Miniature d'une grande dimension : portrait d'un artiste.

146 Jolie Boîte en maroquin contenant six charmantes gouaches de Robert, représentant des Monumens en ruines pouvant servir à orner des tabatières.

147 Une jeune Fille appuyée contre une fontaine dans la salle basse d'une maison d'Italie, contemple une Mère qui caresse son enfant. Fixé par Mallet.

148 Deux Fixés pleins de lumière et de transparence : intérieur de ménage, par Droling.

149 Trois petits Dessus de boîtes : Nymphes agaçant des Amours; grisailles d'une grande finesse ; attribuées à Sauvage.

150 Tête de Scapin ; gouache bien peinte et pleine d'expression.

151 Saint Nicolas; peinture sur cuivre.

152 Fuite en Egypte; joli petit tableau sur bois, par Vanloo.

153 Buste de jeune Fille d'un ton chaud et vigoureux, par Paul Véronèse, dans un très beau cadre en bois sculpté à jour.

PORTRAITS HISTORIQUES
SUR ÉMAIL ET EN MINIATURE.

154 Portrait du maréchal de Saxe ; peint sur émail.

155 Madame Clotilde de France, petite-fille de Louis XV; jolie miniature.

156 La duchesse de Nemours; gouache sous verre.

157 Portrait de Carrier. Fixé par David.

158   Prince de la famille de Louis XIV; portrait sur émail avec légende d'amour, enrichi de grenat, dans son étui peau de chagrin.

159   Le cardinal de Richelieu; miniature faite par Petitot pour servir de modèle pour l'émail qu'il en fit ensuite.

160   Grande Dame de la cour de Louis XIV; peinture sur émail avec ornemens en or dans un cadre en écaille.

161   Jeanne d'Arc; figure à la sépia par E. Deveria, dans son cadre en argent doré, formant boîte.

162   Madame de Fontanges; peinture sur émail dans son cadre doré.

163   Marie-Anne d'Autriche, mère de Louis XIV; portrait sur émail.

164   Portrait d'une Dame de la cour de Louis XIV; peinture sur émail.

165   Deux Portraits au bistre, par Fiquet.

166   Portrait de Femme du temps de Louis XIV; miniature dans son cadre en bois sculpté.

167   Portrait de la princesse Leczinska, femme de Louis XV; dessin aux trois crayons de Delatour, plein de finesse et de vérité, avec cadre en cuivre à jour de l'époque.

168 Portrait de la belle Paule ; peinture sur émail dans un cadre en cuivre ciselé et doré, très riche d'ornemens.

169 Jolie Miniature ; portrait du grand Dauphin.

PORTRAITS HISTORIQUES

SUR BOIS ET SUR CUIVRE DE DIVERSES ÉCOLES.

170 Jean-sans-Peur, duc de Bourgogne.

171 Portrait de Femme.

172 Diane de Poitiers ; portrait de forme ovale dans son cadre en cuivre doré.

173 Madame de Mancini, mère du cardinal Mazarin.

174 Anne de Clèves.

175 Portrait de Femme sur cuivre, avec fraise et ornemens royaux.

176 Deux Portraits à l'huile d'une grande finesse, attribués à Van Dick : représentant Charles Ier et Henriette de France réunis par un nœud en cuivre doré.

177 Beau Portrait d'un grand seigneur italien revêtu d'une armure damasquinée, la main appuyée sur son casque ; peinture sur bois digne du pinceau de Miéris.

178. Portrait d'Elisabeth, reine d'Angleterre ; peinture du temps avec cercle en or.

179 Le grand Condé peint à l'huile par Teniers, dans son cadre en bois doré.

180 Portrait d'une des Mancini, nièce du cardinel Mazarin, dans son cadre en bois sculpté et doré.

181 Portrait de Femme avec fraise, sur panneau avec incrustation d'ivoire.

182 Femme vue à mi-corps en costume noir rehaussé d'or.

183 Catherine de Médicis ; peinture sur bois portant la date de 1592.

184 Magistrat hollandais dans son cadre ovale de l'époque, attribué à Van Dick.

185 Homère revêtu d'un manteau ; peinture sur panneau avec cadre en bois sculpté.

186 Portrait de Femme du temps de Louis XIV, sur cuivre avec cadre à rosette.

187 Louise de Lorraine, femme de Henri III : fort belle peinture sur bois, de Porbus, d'une grande richesse de détail et d'une pureté remarquable.

188 François II, fils de Henri II et de Catherine de Médicis, en costume royal ; peinture

à l'huile attribuée à Holbein, d'une grande beauté et d'une parfaite conservation.

189 Marguerite de Valois, première femme de Henri IV : peinture sur bois, par Janet.

190 Éléonore d'Autriche, sœur de Charles-Quint, deuxième femme de François Ier : peinture sur bois, attribuée à Holbein.

191 Mademoiselle de Limeuil, fille d'honneur de Catherine de Médicis.

192 Claude, fille de Louis XII et de Anne de Bretagne, première femme de François Ier : peinture sur bois, de l'époque.

193 Henri III, peint sur bois, par Janet.

194 Le jeune de Thou, ami de Cinq-Mars, décapité avec lui en 1642 : peinture de l'époque.

195 Deux Portraits sur cuivre, portant la date de 1591 : François de Grenet et sa femme.

196 Portrait d'un noble Hollandais : peinture sur bois, portant la date de 1600, avec armoiries.

197 Reynier Verburg : beau portrait sur bois, avec fraise et costume noir, à damier.

198 Femme en costume noir, sur fond vert, à

mi-corps, vue de face, tenant ses gants réunis dans ses mains : belle peinture parfaitement faite, attribuée à Holbein.

199 Sous ce numéro, seront compris tous les objets omis au présent Catalogue.

IMPRIMERIE DE MADAME DE LACOMBE,
RUE DU FAUBOURG POISSONNIÈRE, 1.

ORDRE DE LA VENTE.

Le lundi 13, on vendra toutes les Tabatières et toutes les Curiosités d'or et d'argent et autres matières.

Les mardi et mercredi, 14 et 15, toutes les autres Curiosités et Tableaux.